조지욱 글 고등학교에서 세계 지리를 가르치고 있어요. AI가 지배하는 세상이 와도 지리학의 중요성은 더욱 강조되리라 생각하며, 지리학을 재밌게 만들어 보려는 일을 즐기고 있어요. 틈틈이 청소년과 어린이를 위한 책을 쓰고 있어요.『중학교 사회 교과서』집필 위원으로 활동했고, 쓴 책으로는『문학 속의 지리 이야기』,『우리 땅 기차 여행』,『지도 위의 한국사』,『EBS 세계 지리 수능 특강』,『세계 지리 교과서』등이 있어요.

인선 그림 실내 건축과 비주얼커뮤니케이션을 공부했고, 지금은 일러스트레이터로 활동하고 있어요. 그린 책으로『숫자로 알아보는 환경 과학 이야기』,『오늘부터 나는 기후 시민입니다』가 있고, 쓰고 그린 그림책으로『이사 가는 꿈』이 있어요.

* 이 책에 실린 사진의 출처는 다음과 같습니다.
- 위키피디아: 7쪽 아시아 지도 ⓒ Cacahuate, 8쪽 에베레스트산 ⓒ shrimpo 1967, 카스피해 ⓒ NASA, 세계 수도 ⓒ TUBS, 15쪽 전라남도 다도해 ⓒ NordNordWest, 전라남도 섬들 ⓒ Diruwiki, 스톡홀름 ⓒ Jonatan Svensson Glad, 21쪽 백두산 ⓒ Bdpmax, 한라산 ⓒ LG전자, 25쪽 한중일 젓가락 ⓒ en.wikipedia, 29쪽 시발자동차 ⓒ Damian B Oh, 37쪽 싱가포르 붉은 등 장식 ⓒ C1815, 이샹 ⓒ Fortresseconomist
- 그 외: 18쪽 세계 시간 ⓒ brichuas(셔터스톡), 24쪽 청동 젓가락 ⓒ 국립공주박물관, 28쪽 순종의 리무진 ⓒ 국립고궁박물관

우리가 몰랐던 우리나라와 닮은 나라들

초판 1쇄 발행 | 2025년 8월 25일

글쓴이 | 조지욱
그린이 | 인선

펴낸이 | 조미현
책임편집 | 황정원
디자인 | 씨오디 Color of Dream
마케팅 | 임혁
제작 | 이현

펴낸곳 | (주)현암사
등록일 | 1951년 12월 24일 · 제10-126호
주소 | 04029 서울시 마포구 동교로12안길 35
전화 | 02-365-5051 · 팩스 | 02-313-2729
전자우편 | child@hyeonamsa.com
홈페이지 | www.hyeonamsa.com
블로그 | blog.naver.com/hyeonamsa
인스타그램 | instagram.com/hyeonam_junior

ⓒ 조지욱, 인선, 2025
ISBN 978-89-323-7655-4 73900

* 이 책은 저작권법에 따라 보호를 받는 저작물이므로 저작권자와 출판사의 허락 없이 이 책의 내용을 복제하거나 다른 용도로 쓸 수 없습니다.
* 책값은 뒤표지에 있습니다. 잘못된 책은 바꾸어 드립니다.
* 현암주니어는 (주)현암사의 아동 브랜드입니다.

제조명 도서	전화 02-365-5051	
제조년월 2025년 8월	제조국명 대한민국	
제조자명 (주)현암사	사용연령 8세 이상	
주소 서울시 마포구 동교로12안길 35		

주의사항 책 모서리에 부딪히거나 종이에 베이지 않도록 주의해 주세요.
* KC마크는 이 제품이 공통안전기준에 적합하였음을 의미합니다.

우리가 몰랐던
우리 나라와 닮은 나라들

조지욱 글 | 인선 그림

현암
주니어

우리나라란?

우리나라는 어디를 말할까요? 북한까지 합친 한반도 전체일까요, 남한만을 말할까요? 북한이 우리나라면 여행도 마음대로 갈 수 있을 텐데. 하지만 북한은 그럴 수 없는 땅이에요. 그러면 남한만 우리나라일까요? 헌법 제3조를 보면, "대한민국의 영토는 한반도와 그 주변에 있는 섬으로 한다."라고 규정되어 있어요. 그러니까 우리나라의 영토는 북한을 포함한다는 뜻이죠.
헌법의 눈으로 보면, 우리나라는 한반도 전체예요.

우리나라는 북한을 포함한 한반도 전체를 말해.

1. 우리나라처럼 아시아에 위치한 나라는?

지구의 육지는 큰 땅덩어리인 대륙으로 나뉘어요. 가장 큰 유라시아 대륙, 가장 작은 오세아니아 대륙, 사람이 살지 않는 남극 대륙, 그리고 이름이 비슷한 아메리카 대륙과 아프리카 대륙이 있어요. 이 중 유라시아 대륙은 유럽과 아시아를 합쳐 부르는 말이에요. 우리나라는 아시아에서 동쪽 지역인 동아시아에 있어요. 아시아 서쪽 끝에 있는 나라는 튀르키예예요. 아시아에는 또 어떤 나라가 있을까요?

아시아에 있는 나라는 49개국

아시아 대륙은 동쪽으로는 태평양, 남쪽은 인도양, 서쪽은 유럽과 카스피해, 북쪽은 북극해와 경계를 이뤄요. 아시아에는 유엔 기준 49개 나라가 있어요. 세계 인구 60%(퍼센트) 정도가 아시아에 살아요. 아시아는 위치에 따라 북아시아, 중앙아시아, 서남아시아, 남부 아시아, 동아시아, 동남아시아로 구분돼요. 그중 동아시아에는 우리나라를 포함해 중국, 일본, 몽골, 대만이 있어요. 우리나라는 유라시아 대륙 동쪽 끝에 있지만, 육지 길을 이용해 러시아, 중앙아시아, 남부 아시아, 서남아시아를 거쳐 유럽까지 갈 수 있는 위치에 있어요.

- **동아시아**: 아시아의 동쪽 지역을 말해요. 면적은 약 11,839,074㎢(제곱킬로미터)예요. 지구 전체 육지의 약 15%를 차지해요.

아시아에서 최고는 이것!

- **에베레스트산**: 중국과 네팔의 경계에 있는 세계에서 가장 높은 산으로, 해발 약 8,848m(미터)예요.
- **사해**: 지구에서 가장 낮은 곳에 있는 호수로, 호수의 수면이 해수면보다 400m 정도 낮아요.
- **창장강**: 아시아에서 가장 긴 중국의 강으로, 길이가 약 6,300km(킬로미터)예요.
- **카스피해**: 세계에서 가장 큰 호수로, 면적이 약 371,000㎢예요.

세계에서 가장 높은 산, 에베레스트산

우리나라에서 가장 가깝고, 가장 먼 세계 수도

우리나라를 중심으로 반경 5,000km 이내에 중국의 수도 베이징(956km), 일본의 도쿄(1,157km), 태국의 방콕(3,725km), 싱가포르(4,677km) 등 아시아의 주요 수도 대부분이 위치해요. 독일의 수도 베를린(8,140km), 영국의 수도 런던(8,875km), 프랑스의 수도 파리(8,981km) 등 유럽 주요 도시들은 약 10,000km 이내 거리에 있어요. 반면, 우리나라에서 가장 먼 도시는 남아메리카에 있는 아르헨티나의 수도 부에노스아이레스(19,447km), 1960년까지 브라질의 수도였던 리우데자네이루(18,140km)예요.

세계에서 가장 큰 호수, 카스피해

우리나라에서 부에노스아이레스가 가장 멀구나!

오!

2. 우리나라와 땅 크기가 비슷한 나라는?

남북한을 합친 우리나라 땅(영토) 크기는 약 22만㎢예요. 영토와 국민이 있어야 나라를 만들 수 있으니 영토는 생명처럼 소중한 것이죠. 그래서 지구에는 영토를 넓히기 위한 전쟁이 아주 많았어요. 어떤 사람들은 우리나라가 작다고 말하지만, 지구에 있는 200여 개의 나라 중 약 120개 나라가 우리나라보다 작아요. 만약 우리나라 옆에 중국이 아닌 작은 나라 싱가포르가 있다면 우리나라는 커 보일 거예요.

유럽의 영국은 우리나라와 땅 크기가 비슷해요. 또 어떤 나라가 우리나라와 면적이 비슷할까요?

우리나라와 면적이 비슷한 나라

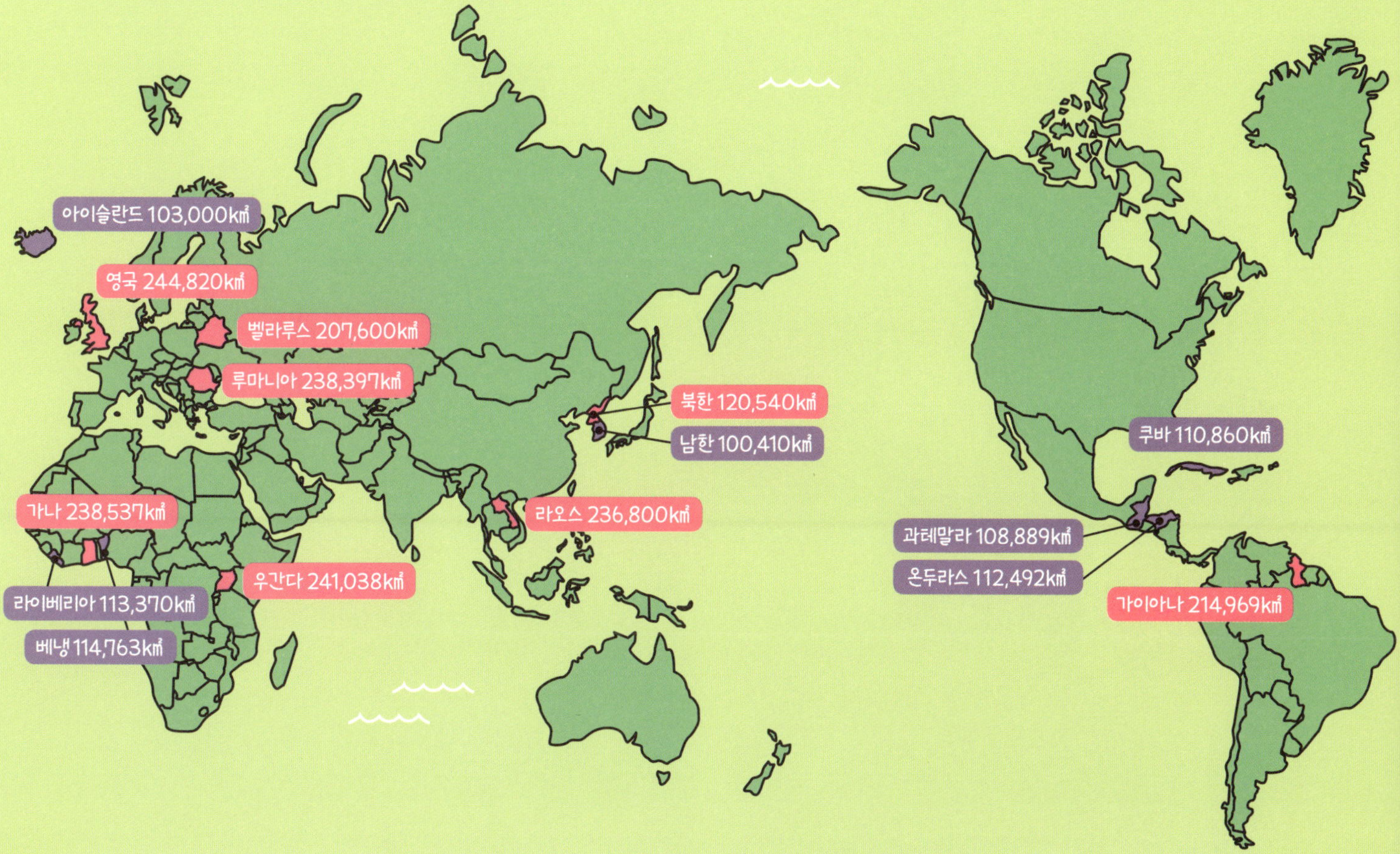

- 아이슬란드 103,000㎢
- 영국 244,820㎢
- 벨라루스 207,600㎢
- 루마니아 238,397㎢
- 북한 120,540㎢
- 남한 100,410㎢
- 가나 238,537㎢
- 라오스 236,800㎢
- 쿠바 110,860㎢
- 과테말라 108,889㎢
- 온두라스 112,492㎢
- 라이베리아 113,370㎢
- 우간다 241,038㎢
- 가이아나 214,969㎢
- 베냉 114,763㎢

- 우리나라 총면적은 약 22만㎢, 부속 섬들은 제주도를 포함해 약 3,400개(바다에 있는 섬의 개수)예요.
- 우리나라 4극은 극서(서쪽 끝)는 평안북도 비단섬(마안도), 극북은 함경북도 유원진, 극동은 경상북도 독도, 극남은 제주특별자치도 마라도예요. 독도는 신라 시대에 이사부가 우산국을 편입한 512년부터 우리 영토가 되었어요. 역사적으로 삼봉도, 가지도, 우산도, 자산도, 석도 등 다양한 이름으로 불렸어요.
- 나라의 영역은 한 나라의 육지(영토), 바다(영해), 하늘(영공)까지를 포함해요. 영해의 범위는 영토로부터 12해리(1852m X 12 = 약 22km)까지예요.

3. 우리나라처럼 세로로 긴 나라는?

우리나라 땅은 북극을 위로 놓고 볼 때 남북 길이가 약 1,100km로, S 자를 늘여 놓은 듯 세로로 길게 생겼어요. 서쪽에서 동쪽으로 가는 것보다 북쪽에서 남쪽으로 가는 것이 훨씬 멀어요. 그래서 남쪽과 북쪽 지역 간에는 기후나 문화 차이가 커요.
남아메리카에 있는 칠레는 우리나라처럼 세로로 길어요. 또 어떤 나라가 세로로 길까요?

영토가 세로로 긴 나라
(※지도에 표시된 나라들은 폭이 좁으면서 세로로 긴 나라들로, 표시된 숫자는 남북의 대략적인 길이예요.)

- 핀란드 1,160km
- 스웨덴 1,580km
- 노르웨이 1,700km
- 영국 970km
- 이탈리아 1,200km
- 포르투갈 560km
- 튀니지 760km
- 베냉 680km
- 토고 540km
- 일본 3,000km
- 우리나라 1,100km
- 라오스 1,000km
- 베트남 1,650km
- 마다가스카르 1,600km
- 말라위 900km

"이탈리아는 상대적으로 북쪽이 남쪽보다 잘살아."

남북이 달라도 너무 달라!

우리 땅은 세로로 길어서 남부 지방은 온대, 북부 지방은 냉대 기후가 나타나요. 북부 지방은 남부 지방보다 겨울이 춥고 길어요. 반대로 남부 지방은 북부 지방보다 여름이 덥고 길어요. 우리 땅처럼 긴 모양의 나라들은 하나의 나라 안에서 여러 기후가 나타나요.

- **칠레**: 북쪽에는 아타카마 사막 지대가, 중남부에는 피오르 해안이, 남부에는 빙하 지대가 있어요. 북쪽에서 남쪽까지 총 길이는 약 4,300km에 이르러요. 세로로 긴 땅의 생김새 때문에 세계에서 가장 땅이 긴 나라로 오해를 받고 있어요. 실제로 남북 간 가장 긴 나라는 브라질로, 길이가 약 4,400km예요.

- **이탈리아**: 남북 길이가 약 1,200km예요. 이탈리아는 로마를 기준으로 북쪽은 잘살고, 남쪽은 상대적으로 못살아요. 이것을 '남부 문제'라고 해요. 남부는 면적이 이탈리아 전체의 40%, 인구는 35%를 차지해요. 하지만 1인당 국민 소득은 북부의 절반 정도 수준이에요.

- **토고**: 국토가 남한 면적의 절반 크기예요. 남북의 길이가 서울에서 부산 간 거리보다 조금 긴 540km이고, 동서 간의 폭은 약 50km로 좁아요. 과거 독일의 식민 지배를 거쳤고, 제1차 세계 대전 이후에는 프랑스의 지배를 받은 아픈 역사가 있어요.

가이아나 800km
페루 2,270km
칠레 4,300km
파라과이 900km

"땅의 생김새 때문에 칠레가 세계에서 가장 길다는 오해를 받는대."

4. 우리나라처럼 반도에 있는 나라는?

우리나라는 바다를 향해 튀어나와 있어요. 그런 땅을 반도라고 해서, 우리 땅을 '한반도'라고 불러요. 한반도는 우리 한민족이 사는 땅 이름이에요. 바다를 향해 튀어나온 땅은 육지와 바다를 잇는 육교와 같아, 무역뿐 아니라 전 세계로 뻗어 나가기에도 유리해요.
아프리카에 있는 소말리아는 바다를 향해 튀어나온 땅에 있어요.
또 어떤 나라가 우리나라처럼 반도에 있을까요?

바다 쪽으로 툭 튀어나와 삼면이 바다에 둘러싸인 땅을 '반도'라고 해.

우리나라 같은 세계의 반도 국가

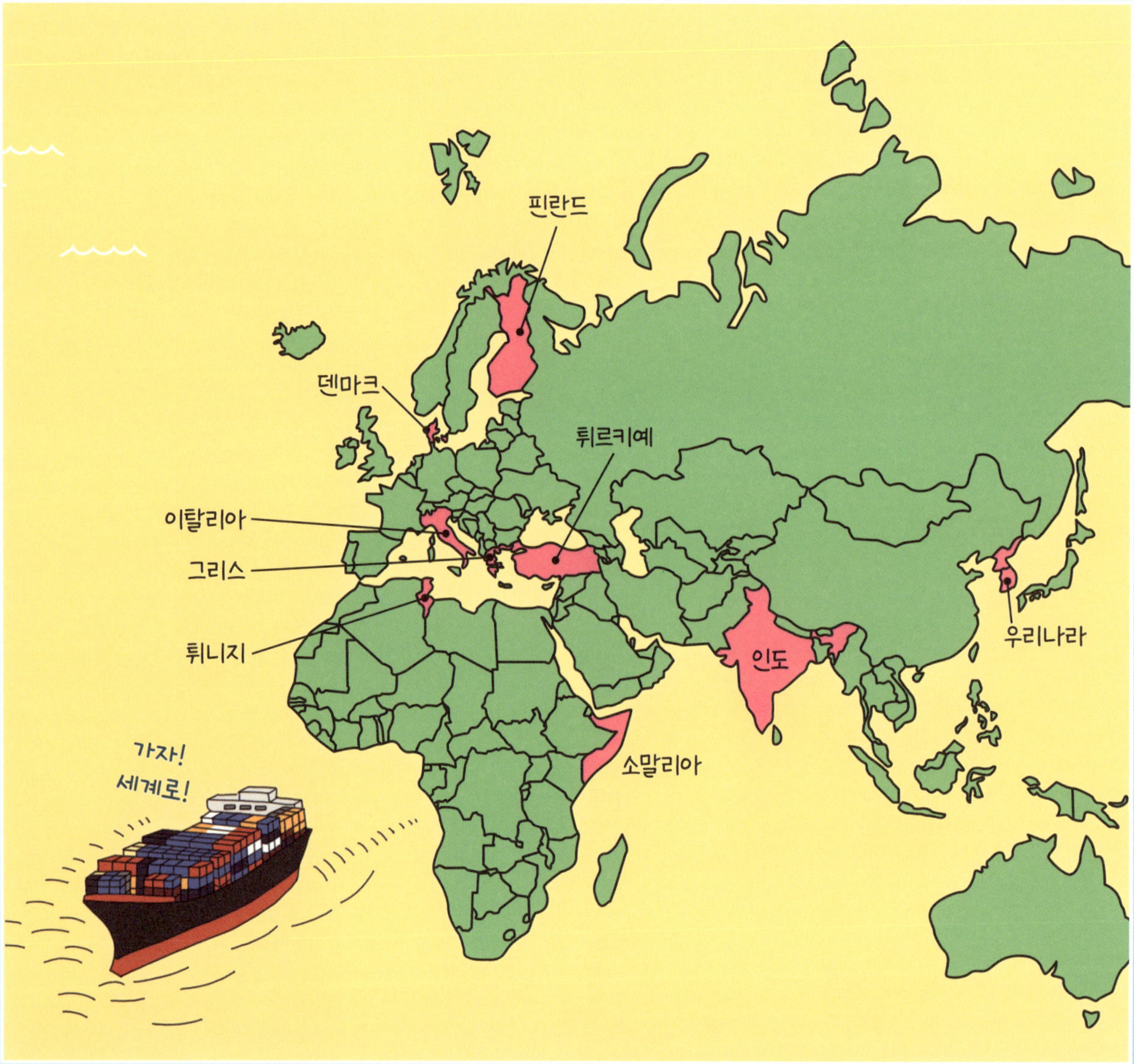

핀란드
덴마크
튀르키예
이탈리아
그리스
튀니지
인도
우리나라
소말리아

가자! 세계로!

하나의 반도에 여러 나라가 모여 있는 반도 국가

5. 우리나라처럼 섬이 많은 나라는?

우리나라에는 약 4,400개의 섬이 있어요. 그중에는 강화도처럼 과거에는 육지였는데, 바닷물이 높아져 만들어진 섬과 울릉도처럼 화산 폭발로 만들어진 섬도 있어요. 섬이 많으면 넓은 바다의 주인이 될 수 있고, 바다의 자원을 이용하기도 편해요.

유럽에 있는 스웨덴은 무려 약 26만 개가 넘는 섬이 있어요. 그중에는 빙하가 녹으면서 생겨난 섬이 매우 많아요. 또 어떤 나라가 우리나라처럼 섬이 많을까요?

세계에서 섬이 가장 많은 나라

통계 사이트 월드 아틀라스에 따르면, 세계에서 가장 섬이 많은 나라는 스웨덴이에요. 스웨덴에는 약 267,570개의 섬이 있는데, 대부분 무인도예요. 스웨덴이나 노르웨이, 핀란드, 캐나다는 과거에 빙하로 덮여 있던 곳이 녹으면서 호수나 강, 바다가 돼 아주 많은 섬이 생겨났어요.

우리나라 섬 중 크기가 가장 큰 섬은 제주도로, 면적이 약 1,850㎢예요. 세계에서 가장 큰 섬은 어딜까요? 덴마크의 속령, 그린란드예요. 면적이 약 2,160㎢로, 한반도의 약 10배 크기예요.

우리나라 섬의 60%는 전라남도에 있어요. 그래서 이곳의 바다를 섬이 많은 바다라는 뜻으로 '다도해' 라고 불러요.

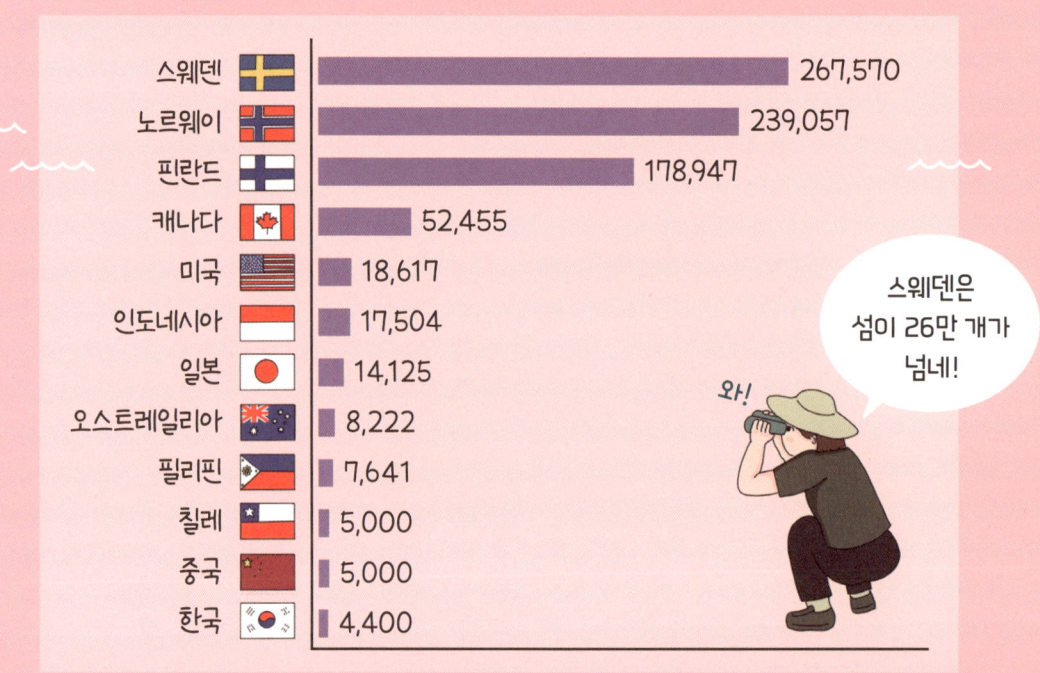

나라별 섬의 개수 (※내륙 호수에 있는 섬까지 합한 개수)

나라	개수
스웨덴	267,570
노르웨이	239,057
핀란드	178,947
캐나다	52,455
미국	18,617
인도네시아	17,504
일본	14,125
오스트레일리아	8,222
필리핀	7,641
칠레	5,000
중국	5,000
한국	4,400

스웨덴은 섬이 26만 개가 넘네!

출처: 월드 아틀라스 2023

전라남도 다도해

"전남 바다를 섬이 많아 '다도해'라 불러."

전라남도 섬들

섬으로 이루어진 도시, 스톡홀름

여러 개의 섬으로 이루어진 도시

스웨덴의 수도 스톡홀름은 14개의 섬으로 이루어져 있어요. 도시의 30%가 물길로 연결돼 있다 보니 배를 주요 교통수단으로 이용해요. 어떤 섬은 다리가 없어서 배로만 다녀요.

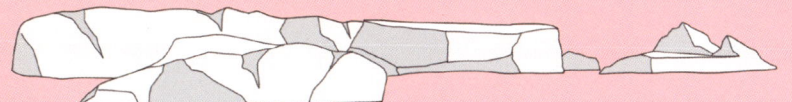

- 섬은 물로 둘러싸인 육지를 말해요. 세계에는 크기도, 형태도 다양한 섬들이 있어요. 섬의 기준은 국가나 기관에 따라 다르고, 산호섬, 모래섬도 포함할 수 있어요. 나라마다 정보가 모호해 섬의 개수는 정확하지 않을 수 있어요. 섬은 본토와 분리돼 있어서 동식물, 문화 등이 독특한 경우가 많아요.

6. 우리나라와 비슷한 위도에 있는 나라는?

우리나라는 북반구에 위치해요. 위도상으로는 북위 33도와 43도 사이로, 중위도에 있어요. 북반구와 남반구의 30도~60도 부근 지역을 중위도라고 해요. 위도는 지도에서 가로선으로 표현해요. 우리나라가 있는 중위도는 여름에는 해가 길어지고, 겨울에는 짧아지는 곳이에요. 그래서 봄, 여름, 가을, 겨울, 사계절이 있어요.

유럽에 있는 포르투갈도 우리나라와 비슷한 위도에 위치해 사계절이 있어요. 또 어떤 나라가 우리나라와 비슷한 위도에 있을까요?

우리나라는 중위도에 위치해 사계절이 뚜렷해!

튀르키예
그리스
스페인
포르투갈
알제리
이란
이라크

같은 위도, 다른 계절

우리나라는 사계절이 있어요. 봄, 여름이면 강과 바다에 물놀이하는 친구들이 넘쳐 나고, 들에는 곡식이 여물어 가죠. 가을이면 들에서는 무르익은 곡식과 과일을 수확하고, 오색 단풍이 산을 화장해요. 겨울이면 세상은 하얗게 변하고, 사람들은 추위에 떨지요. 하지만 모든 나라가 우리나라처럼 사계절이 뚜렷한 건 아니에요.

북반구의 중위도에 있는 나라와 남반구의 중위도에 있는 나라는 계절이 반대예요. 우리나라가 겨울에 크리스마스를 맞을 때, 오스트레일리아에서는 여름에 크리스마스를 맞아요. 수영복 입은 산타가 선물을 주죠. 남반구와 북반구의 계절이 다른 이유는 지구의 자전축이 기울어진 채로 공전해, 빛을 받는 양이 달라지기 때문이에요. 빛을 받는 양이 북반구에서 늘면 상대적으로 남반구는 줄고, 남반구에서 늘면 북반구는 줄기 때문이지요.

히힛, 선물이다!

오스트레일리아의 크리스마스는 여름이야!

16

우리나라와 비슷한 위도에 있는 나라

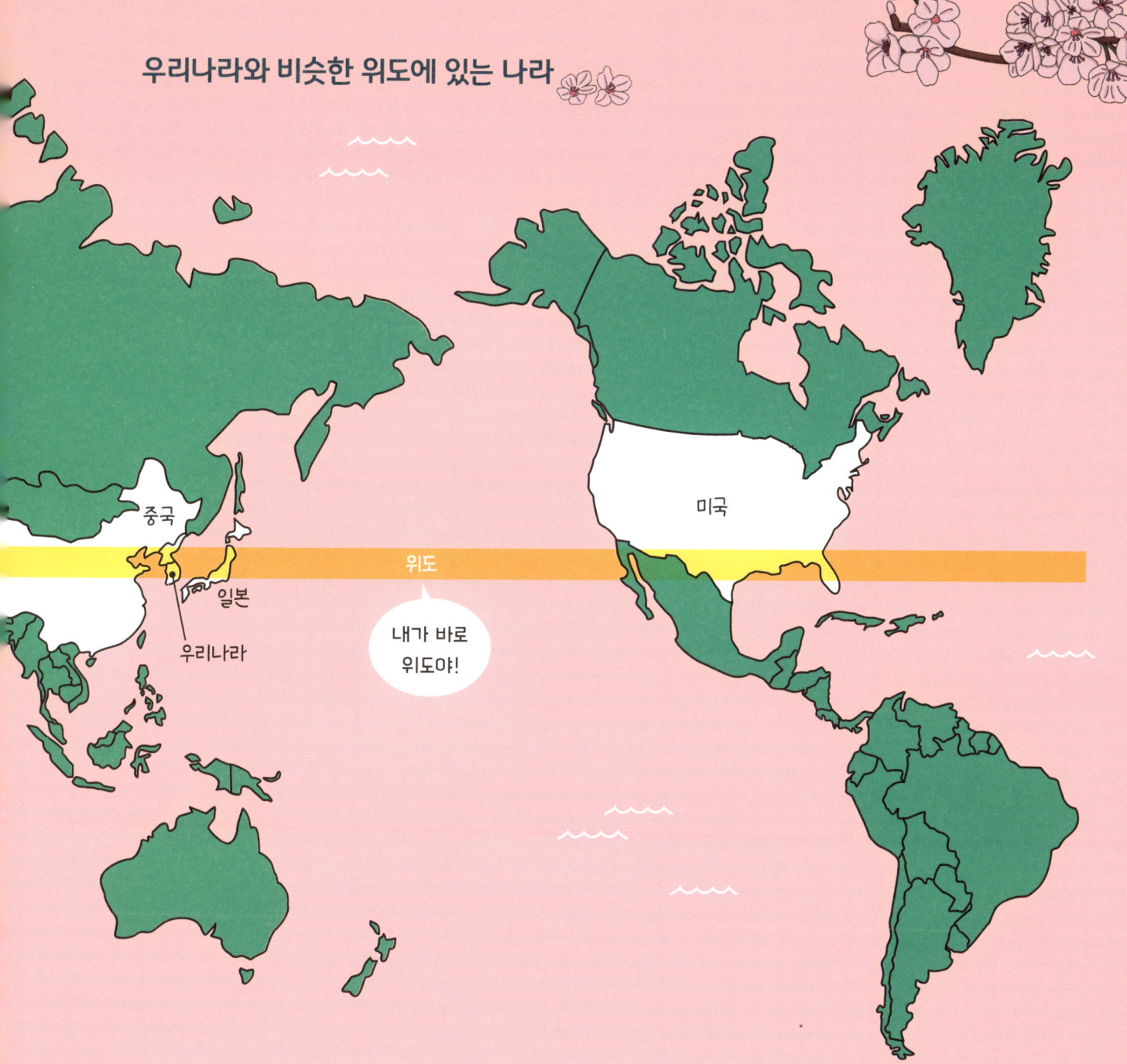

- **위도**: 적도를 중심으로 남쪽과 북쪽으로 얼마만큼 떨어져 있는지를 나타내는 좌표예요. 세계 지도 혹은 지구본을 볼 때 가로선이 바로 위도예요.
- **계절**: 1년을 기온과 강수량 등 기후 변화로 구분한 거예요. 적도 주변의 열대 지방은 우량(강수량)에 따라 건기와 우기를 구분해요. 고위도 지방은 낮과 밤의 길이에 따라 여름과 겨울을 구분해요.
- **지구 자전축**: 지구가 자전(고정된 축을 중심으로 회전하는 운동)할 때, 그 중심이 되는 축이에요. 남극과 북극을 연결하는 축을 말해요.
- **공전**: 한 천체가 다른 천체 주위를 도는 운동을 말해요.

지역마다 다른 세계의 시간

| (오전) -1 | 0 | (오후) +1 | +2 | +3 | +4 | +5 | +6 | +7 | +8 | +9 | +10 | +11 | +12\-12 | -11 | -10 | -9 |

| 11:00 | 12:00 | 13:00 | 14:00 | 15:00 | 16:00 | 17:00 | 18:00 | 19:00 | 20:00 | 21:00 | 22:00 | 23:00 | 24:00 | 1:00 | 2:00 | 3:00 |

러시아 일부
일본
인도네시아 동부
동티모르
날짜 변경선
표준 경선

영국은 아침인데, 한국은 저녁이라며?

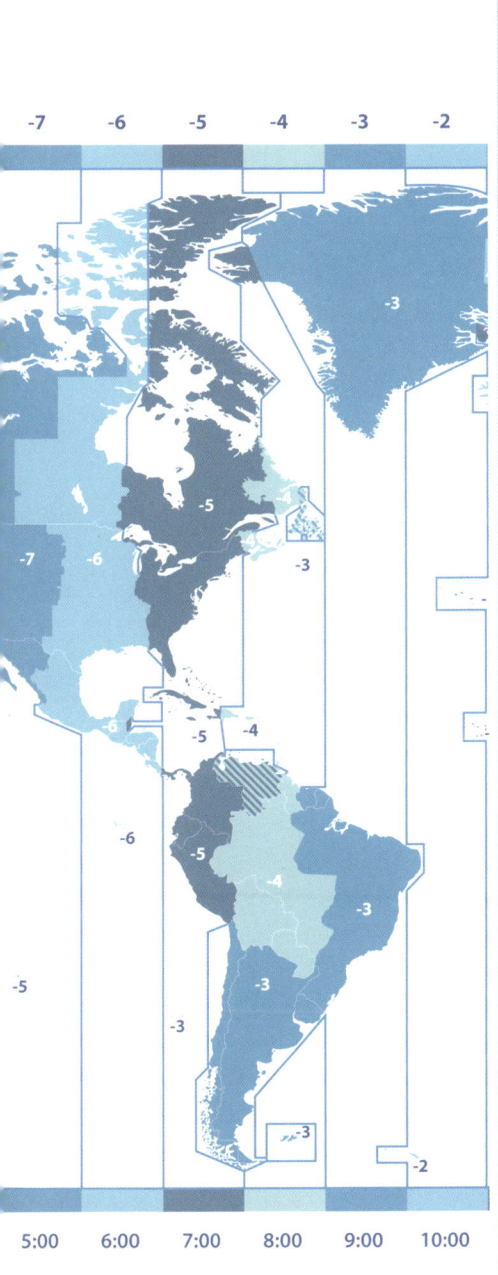

7. 우리나라와 같은 시간대를 쓰는 나라는?

영국에서 아침 9시에 하는 축구 경기를 우리나라에서 보려면 저녁 6시에 텔레비전을 켜야 해요. 우리나라가 영국보다 9시간 빠르기 때문이에요. 왜 내가 있는 곳은 저녁인데, 영국은 아침이고 시간도 다르냐고요? 지구가 스스로 도는 자전을 하면서 태양이 비추는 위치가 달라지기 때문이에요. 지구는 둥그니, 태양이 비추는 곳이 낮이면, 그 반대편에 있는 곳은 밤이 되는 거죠. 그래서 나라마다 시간대가 달라요. 우리나라와 같은 시간대를 쓰는 나라들은 우리나라와 매우 가까이 위치하거나, 비슷한 경도에 있어요.

이웃 나라 일본은 우리나라와 시간대가 같아요. 또 어떤 나라가 우리나라와 시간대가 같을까요?

우리나라와 같은 표준시를 쓰는 나라

표준시는 세계가 모두 공통으로 사용하는 기준 시각을 말해요. 영국 그리니치 천문대를 지나는 경선(경도 0도)을 기준으로 삼아 나라마다 표준시를 설정해요. 경도가 15도 바뀔 때마다 1시간의 차이를 둬요. 지구가 동쪽에서 서쪽으로 회전하니 동쪽으로 갈수록 1시간씩 빨라지고, 서쪽으로 갈수록 늦어지는 시간의 차이, 즉 시차가 발생해요. 우리나라는 동경 135도를 기준으로 하는 시간대에 속해서 그리니치 표준시보다 9시간이 빨라요. 우리나라와 같은 표준시를 쓰는 나라에는 일본, 러시아 동부(야쿠츠크), 인도네시아 동부, 동티모르 등이 있어요.

- **경도**: 남극과 북극 사이를 지나는 세로선(경선) 사이의 각도예요. 0도(본초 자오선)를 기준으로 동쪽과 서쪽으로 각각 180도(날짜 변경선)까지 표시돼요. 경도가 다르면 태양이 뜨고 지는 시간이 달라져 시차가 생겨요.

8. 우리나라처럼 산이 많은 나라는?

우리나라는 산이 많은 나라예요. 사방을 둘러보면 올록볼록 산이 천지이고, 우리 민족의 마음에는 백두대간이라는 큰 산줄기가 있어요. 그래서 우리나라를 산의 나라로 불러요. 산은 국토를 아름답게 하고, 지하자원이나 삼림 자원, 맑은 공기 등 인간에게 필요한 것들을 아낌없이 주지요.
아시아의 네팔은 국토의 약 81%가 산인 나라예요. 또 어떤 나라가 우리나라처럼 산이 많을까요?

세계에서 산이 가장 많은 나라

우리나라는 국토의 약 70%가 산지예요. 해발 고도 500m 미만 낮은 산이 가장 많아요. 높은 산은 주로 북쪽과 동쪽에 많아요.
세계에서 산이 가장 많은 나라는 바로 부탄이에요. 약 99%가 산이에요. 옆의 표 외에도 멕시코, 중국, 이란, 인도, 튀르키예, 오스트리아, 칠레 등도 국토의 60% 이상이 산지예요.

나라별 산 분포

나라	비율
부탄	99%
타지키스탄	92%
슬로바키아	90%
몬테네그로	89%
에콰도르	88%
아르메니아	86%
엘살바도르	85%
스위스	84%
네팔	81%

출처: Teehpedia

한반도의 가장 큰 산줄기, 백두대간

> 백두대간은 백두산부터 지리산까지 약 1,400km 길이의 산줄기라고.

- **백두대간**: 북쪽의 백두산에서 남쪽의 지리산까지 물을 건너지 않고 갈 수 있는 우리 땅의 척추와 같은 산줄기예요.

한반도에서 가장 높은 백두산

한국에서 가장 높은 한라산

높이도 모양도 다양한 산

세계에서 가장 높은 산은 에베레스트산으로, 높이가 약 8,848m에 달해요. 한반도에서 가장 높은 산은 백두산으로, 높이가 약 2,744m예요. 백두산은 북한과 중국의 경계에 있어요. 한국에서 가장 높은 산은 제주도에 있는 한라산으로, 높이가 약 1,947m예요. 유네스코 세계 자연 유산이기도 하지요. 산은 높이도, 모양도 다양해요. 어떤 산은 높고 뾰족하고, 어떤 산은 높은데 정상은 평탄해요. 어떤 산은 낮은 곳은 완만한데 높은 곳은 뾰족하기도 해요. 어떤 산은 나무로 가득 차 있어서 포근한 느낌을 주기도 하고, 어떤 산은 바위가 드러나 있어서 딱딱해 보이기도 하지요.

9. 우리나라처럼 벼농사를 많이 짓는 나라는?

우리나라는 벼농사를 많이 지어요. 벼는 쌀이 되고, 하얀 쌀밥이 돼요. 벼는 우리나라의 여름처럼 뜨겁고 비가 많은 기후를 좋아해요. 아시아 남쪽, 동쪽 나라들은 벼농사를 많이 지어요. 여기서 나오는 쌀이 전 세계 쌀 90% 이상을 차지하지요. 특히 아시아 남쪽과 동남쪽의 무더운 나라들은 벼를 일 년에 두 번에서 세 번까지도 수확해요.
아시아의 태국도 벼농사를 많이 짓는 나라 중 하나예요. 또 어떤 나라가 우리나라처럼 주로 벼농사를 지을까요?

벼농사를 많이 짓는 나라

쌀을 재배하는 나라는 한국, 일본, 중국, 베트남, 미얀마, 인도, 태국, 방글라데시, 인도네시아, 캄보디아, 브라질, 파키스탄, 필리핀 등이에요.
아시아가 전 세계 벼 재배 면적의 약 90%, 총 벼 생산량의 약 91%를 차지하고, 소비량도 이와 비슷해요. 세계에서 쌀을 가장 많이 생산하고 소비하는 나라는 인도와 중국 이에요.

세계 쌀 생산량 순위 (단위: 백만 톤)

순위	국가	생산량
1	인도	147
2	중국	145.28
3	방글라데시	36.6
4	인도네시아	34.6
5	베트남	26.5
6	태국	20.1
7	필리핀	12
8	미얀마	11.85
9	파키스탄	10
10	브라질	8.2
18	한국	3.58

출처 : 미국 농무부(2024/25년 기준)

전에는 중국이 1위였는데, 지금은 인도가 1위네.

인도와 중국은 인구가 많은 만큼 쌀 생산도, 소비도 많아.

김밥은 매일 먹어도 맛있다니까!

쌀로 만든 세계의 음식

쌀은 그대로 밥을 지어 먹기도 하지만, 김밥처럼 다양한 음식으로 만들어 먹어요. 쌀로 만든 세계의 음식들을 만나 봐요.

일본: 초밥

중국: 쫑쯔
(단오 음식으로, 찹쌀을 대나무 잎이나 연잎에 싸 쪄요.)

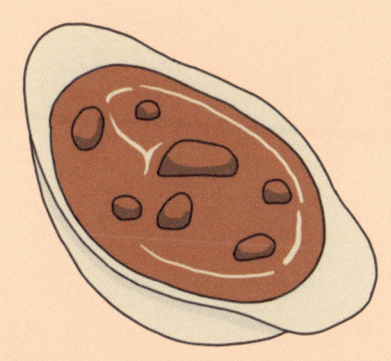

인도: 카레

베트남: 쌀국수 (쌀로 만든 국수예요.)

멕시코: 타코
(토르티야에 찐쌀, 고기 등을 넣어 먹어요.)

이탈리아: 리소토 (쌀을 볶고 육수를 넣어 끓여요.)

10. 우리나라처럼 젓가락을 많이 쓰는 나라는?

우리나라 사람들은 밥을 먹을 때 숟가락과 함께 젓가락을 사용해요.
나라마다 문화와 전통이 다르듯, 식사 문화도 다양해요. 서남아시아와 아프리카
친구들은 음식을 손으로, 유럽과 미국의 친구들은 포크로 먹어요.
이웃 나라 중국도 우리나라처럼 젓가락을 써요.
또 어떤 나라에서 젓가락을 많이 쓸까요?

젓가락을 많이 쓰는 나라

일본, 중국, 대만뿐 아니라, 베트남, 태국, 싱가포르 등 동남
아시아 나라들에서 주로 젓가락을 사용해요.
젓가락은 중국에서 약 3000년 전부터 사용했고, 일본은
우리보다는 늦지만 약 2000년 전부터 썼다고 해요.
우리나라는 삼국 시대부터 사용한 것으로 추정돼요.
백제 무령왕릉에서 청동 젓가락이 출토되기도 했답니다.

무령왕릉에서 발견된 백제 청동 젓가락

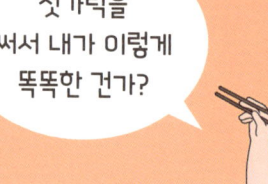

- **젓가락 사용이 두뇌 발달에 미치는 영향**: 젓가락을 사용하는 건 근육 조절 능력을 키우고, 집중력을 높이는 등 두뇌 발달에 도움이 된다고 알려져 있어요. 포크보다 젓가락을 쓸 때, 뇌 활동이 20~30% 활발해졌다는 실험 결과도 있어요.

한국의 젓가락

중국의 젓가락

일본의 젓가락

> 다 같은 줄 알았는데, 나라마다 젓가락이 달라!

같고도 다른 한중일 젓가락

○ **한국의 젓가락**: 독특하게 우리나라만 쇠젓가락을 써요. 젓가락은 청동기 시대 문화로, 삼국 시대에 이미 청동이나 쇠로 만든 젓가락을 썼어요. 우리는 젓가락으로 밥알 한 톨, 작은 멸치 한 마리, 얇은 김 한 장도 집을 수 있어요. 대단하지요.

○ **중국의 젓가락**: 중국은 자신만의 젓가락이 없어요. 중국 젓가락은 길고 끝이 뭉툭해요. 중국 음식은 기름으로 볶거나 튀기는 요리가 많아요. 그러다 보니 집을 때, 금속 젓가락은 미끄럽고 금방 뜨거워져 주로 나무젓가락을 써요. 중국은 큰 원형 식탁에 여럿이 둘러앉아 식사하는 문화가 있어요. 이때 멀리 있는 음식을 집기 편하도록 긴 젓가락을 쓰게 됐어요.

○ **일본의 젓가락**: 생선 가시를 발라내기 편하도록 길이가 짧고 끝이 뾰족해요. 보통 자신의 젓가락을 가지고 있어요. 일본은 새해에 새해 음식과 함께 받은 새 젓가락을 쓰는 전통이 있어요. 한 해의 마지막 날, 젓가락에 가족 이름을 적어 제사를 지내기도 해요. 새해가 되면 이 젓가락을 사용하고, 젓가락은 스스로 씻지요.

> 중국은 먼 음식을 집기 좋게 젓가락이 길어.

11. 우리나라와 비슷한 인구를 가진 나라는?

한국의 인구는 약 5천2백만 명이에요. 약 2천6백만 명이 되는 북한까지 합치면 한반도 전체 인구는 약 7천8백만 명이지요(2024년). 지구에는 인구가 1천만 명이 안 되는 나라가 많아요. 그러니 인구로만 보면 우리나라는 큰 나라예요. 하지만 현재 출생률이 점차 낮아지고 있어, 인구가 줄어들까 봐 걱정하고 있어요.

서아시아에서 인구가 가장 많은 나라는 이란으로, 우리나라와 인구가 비슷해요.

또 어떤 나라가 우리나라와 비슷한 인구를 가졌을까요?

우리나라 인구와 비슷한 나라

인구는 특정 지역에 사는 사람 수예요. 출생, 사망, 혼인, 이혼, 이민, 가족계획 등에 의해 결정돼요.

지구에는 모두 82억 명이 넘는 인구가 살고 있어요. 그중 세계에서 인구가 가장 많은 나라는 인도와 중국으로, 인구가 각각 1억 4천만 명이 넘어요. 우리나라는 콜롬비아, 미얀마, 우간다, 스페인과 인구가 비슷하지요.

우리나라와 인구가 비슷한 나라

국가	인구수(단위: 명)
이탈리아	58,761,146
케냐	55,100,586
미얀마	54,577,997
콜롬비아	52,085,168
한국	51,712,619
우간다	48,582,334
스페인	48,373,336
수단	48,109,006

출처: 통계청(KOSIS, 2023년 기준)

우리나라의 시대별 인구

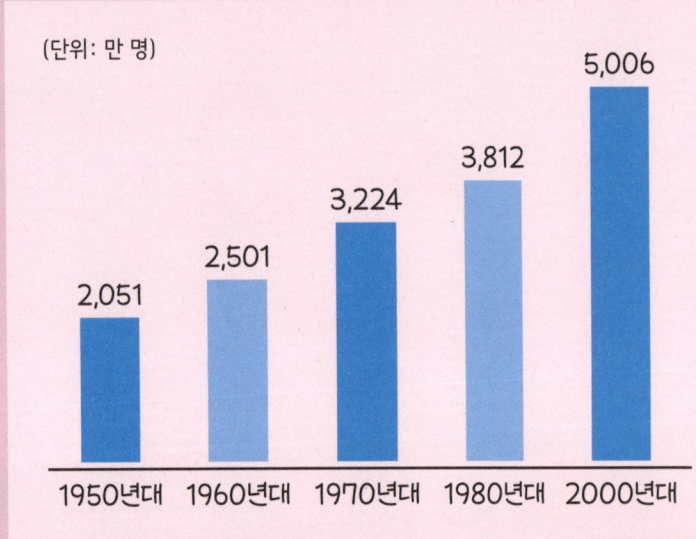

출처: 통계청(KOSIS)

세계에서 두 번째로 출생률이 낮은 나라

우리나라는 현재 태어나는 아이의 수가 적은 세계 2위의 나라가 됐어요. 교육비 등 경제적 부담뿐 아니라, 가치관 변화 등 다양한 사회적, 문화적 요인들을 원인으로 꼽을 수 있어요.
주로 선진국의 출생률이 낮아요. OECD 가입국 중에서는 한국 다음으로 일본, 이탈리아, 스페인 등의 출생률이 낮은 것으로 나타났어요.

노인 인구가 많은 고령화 국가

우리나라는 전체 인구 중 65세 이상의 고령 인구가 19.5%(2024년)인 고령 국가예요. 일본은 거의 30%에 이르는, 노인 인구 비중이 가장 높은 초고령 국가예요. 다른 선진국도 대부분 고령 국가예요. 노인의 인구 비중이 20%를 넘으면 초고령 국가라고 해요.

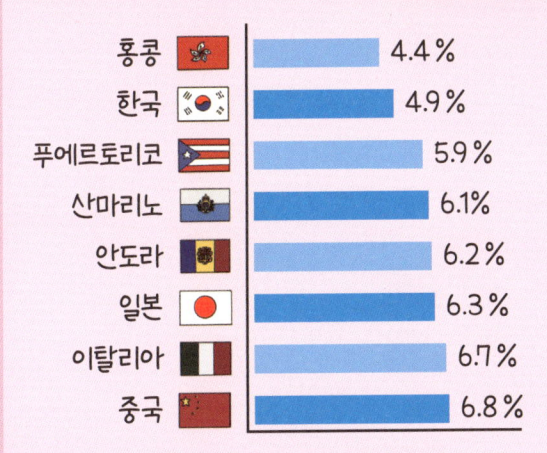

출생률이 가장 낮은 나라

나라	비율
홍콩	4.4%
한국	4.9%
푸에르토리코	5.9%
산마리노	6.1%
안도라	6.2%
일본	6.3%
이탈리아	6.7%
중국	6.8%

출처: 통계청(KOSIS, 2022년 기준)

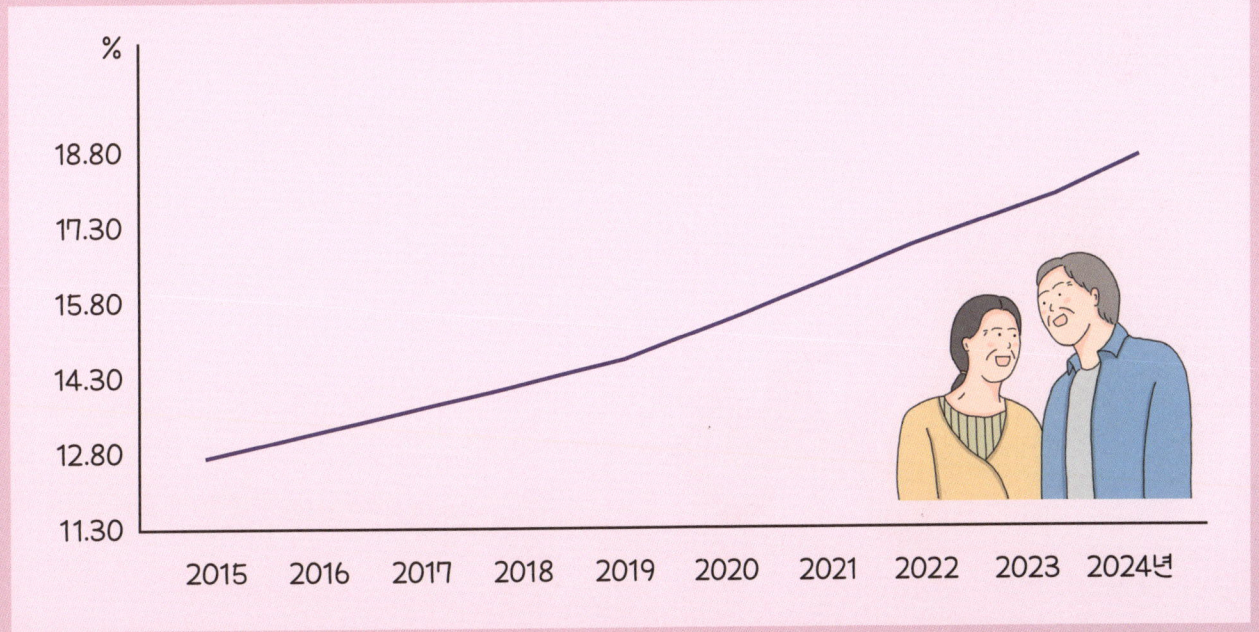

우리나라의 고령 인구 변화

출처: 통계청(KOSIS)

12. 우리나라처럼 자동차를 많이 생산하는 나라는?

우리나라는 세계에서 6위로 자동차를 많이 만들어요. 전 세계에서 1년에 100대의 자동차를 만든다면, 그 중 5대는 우리나라에서 만든 거예요. 자동차는 무려 2만여 개의 부품이 들어가기 때문에 기술 수준이 높아야 만들 수 있어요. 세계에서 자동차를 만들 수 있는 나라는 20여 곳뿐이에요.

유럽의 독일은 우리나라처럼 자동차를 많이 생산해요. 또 어떤 나라가 자동차를 많이 생산할까요?

와, 우리나라가 자동차 생산 세계 6위라니!

세계에서 자동차를 많이 생산하는 나라

세계에서 자동차를 가장 많이 만드는 나라는 바로 중국이에요. 그 뒤를 이어서 미국, 일본, 인도, 독일, 멕시코, 스페인, 브라질, 태국 등이 있어요.

최근 중국의 전기차 생산 증가세가 눈에 띄어요. 세계 시장에서 차지하는 중국의 점유율은 약 25%로, 세계 전기차 생산 네 대 중 한 대가 중국에서 만든 거예요. 브라질, 멕시코, 태국 등은 자동차 부품을 만드는 공장들이 대부분이에요.

세계 자동차 생산량 순위 (단위: 천 대)

중국	30,160
미국	10,611
일본	8,998
인도	5,847
독일	4,270
한국	4,243
멕시코	3,979
스페인	2,451
브라질	2,339
태국	1,834

출처: 통계청(KOSIS, 2023년 기준)

오얏꽃 무늬

순종이 탄 제너럴모터스(GM) 회사의 캐딜락 리무진

우리나라 자동차에 얽힌 소소한 역사

● **자동차 마니아 순종**: 대한 제국의 마지막 황태자, 순종은 자동차를 좋아하는 자동차 마니아였다고 해요. 순종이 탔던 미국의 캐딜락 리무진에는 황실의 문장인 황금 오얏(자두)꽃을 장식했고, 차 안에도 오얏꽃을 수놓은 황금색 비단으로 꾸몄다고 해요.

우리나라에서 처음 승용차를 가진 사람이 나야, 나!

○ **승용차를 가진 최초의 한국인**: 3·1운동 민족 대표 33인 중 한 명이자, 천도교 3대 교령(천도교 최고 직위)이었던 의암 손병희 선생이 우리나라에서 처음으로 승용차를 소유했어요. 1915년쯤 캐딜락을 탔다고 해요.

○ **가장 쌌던 자동차 가격**: 1910년대에 국내에서 가장 싼 포드 자동차의 가격은 쌀 700가마에 해당하는 4,000원이었어요. 지금으로 치면 약 1억 원이 넘어요.

포드 자동차 1대 = 쌀 700가마

○ **최초의 자동차 공장**: 근대 시설을 갖춘 국내 최초의 자동차 공장은 1962년 인천 부평에 세운 새나라자동차예요.

○ **첫 국민차**: 처음으로 국민차 반열에 들어선 자동차는 1974년 기아가 일본과 협력해 제작한 브리사예요. 같은 해에 현대자동차는 국내 최초의 고유 모델인 포니(Pony)를 출시했어요. 아시아에서 2번째, 세계에서 16번째로 우리만의 힘으로 생산한 거예요.

○ **첫 수출 차**: 국내에서 처음으로 수출한 차는 쌍용자동차의 시초인 하동환자동차가 1966년에 브루나이에 수출한 버스예요.

○ **자동차 산업의 첫걸음**: 한국 자동차 산업은 1955년 시발자동차 회사가 설립되면서 시작됐어요. 차 이름인 '시발'은 '첫걸음'이라는 뜻이에요.

한국 자동차 산업의 시작, 시발자동차(복원한 모습)

세계 국민 1인당 석유 소비량

(단위: 배럴)

순위	국가	소비량
1	사우디아라비아	36.82
2	캐나다	23.06
3	미국	21.96
4	한국	17.42
5	일본	9.89
6	러시아	9.49
7	독일	9.01
8	브라질	5.47
9	중국	4.21
10	인도	1.38

출처: Eni-World Energy Review(2023년 기준)

세계 석유 매장량
(한국석유공사 2023년 자료 참고)

13. 우리나라처럼 석유를 많이 수입하는 나라는?

우리나라는 현재 세계에서 다섯 번째로 석유를 많이 수입하고, 네 번째로 1인당 석유 소비량이 많은 나라예요. 우리나라에서 석유는 자동차 연료로 가장 많이 쓰이고, 약품, 옷, 신발, 필통 등을 만들 때도 쓰여요. 석유는 공업이 발달하고 자동차가 많은 나라에서 많이 써요.
석유를 가장 많이 수입하는 나라는 미국이에요. 또 어떤 나라가 석유를 많이 수입할까요?

석유를 많이 수입하는 나라

일본, 중국, 인도, 독일, 이탈리아, 스페인, 영국, 미국, 네덜란드 등에서 석유를 많이 수입해요. 우리나라는 세계 10대 경제 대국이에요. 우리나라는 사우디아라비아, 아랍에미리트, 미국, 쿠웨이트, 이라크 등에서 주로 석유를 수입해요.
인도, 중국, 영국, 미국 같은 나라들은 석유를 생산하지만, 소비가 많아서 석유를 수입해요. 석유는 주로 인구가 많거나 경제가 발전한 선진국 등에서 소비량이 많아요.

석유 매장량이 많은 나라

매장량은 땅속에 묻혀 있는 지하자원의 분량을 말해요. 땅속에 어느 정도의 석유가 있는지 정확히 알기는 힘들지만, 현재까지의 매장량은 알 수 있어요. 세계에서 석유 매장량이 가장 많은 나라는 베네수엘라예요. 약 3,030억 배럴의 석유가 땅속에 묻혀 있어요.

석유는 중동 지역과 북미 지역에서 전 세계 석유 생산량의 3분의 1을 차지해요. 땅속에 석유가 가장 많이 묻혀 있는 곳은 베네수엘라지만, 세계에서 석유를 가장 많이 생산하는 나라는 미국이에요.

없어서는 안 될 석유

석유는 죽은 생물들이 바다나 강바닥, 습지 지하 깊숙이 묻힌 채, 오랜 세월에 걸쳐 열과 압력을 받아 끈적끈적한 액체 물질로 변형된 거예요. 옷, 자동차, 생활용품을 만들 때뿐 아니라, 비료, 비닐, 스포츠용품, 장난감, 주방용품 등 안 쓰이는 곳이 없는 중요한 자원이에요.

우리나라가 석유를 수입하는 나라

(단위: 배럴)

순위	국가	수입량
1	사우디아라비아	327,603
2	미국	142,379
3	아랍에미리트	109,866
4	쿠웨이트	96,195
5	이라크	90,514
6	카타르	67,782
7	카자흐스탄	38,758
8	멕시코	30,483
9	브라질	17,867

출처: 한국석유공사(2023년 기준)

14. 우리나라처럼 둘로 갈라진 나라는?

우리나라는 남한과 북한으로 갈라져 있어요. 우리나라가 둘로 갈라진 분단국가가 된 지도 벌써 80년이 됐어요. 나라가 둘로 갈라진다는 것은 나라의 힘을 약하게 하고, 많은 국민을 불안하고 슬프게 하지요. 빨리 통일이 돼 남북한 사람들이 자유롭게 오갈 수 있으면 좋겠어요. 통일 한국은 더 크고 더 강한 나라가 될 거예요.

아프리카에 있는 수단은 우리나라처럼 둘로 갈라진 나라예요. 또 어떤 나라가 우리나라처럼 나뉘어져 있을까요?

우리나라 같은 현재 분단국가

○ 남수단 공화국

남수단은 아프리카에 있는 나라예요. 기독교와 민간신앙을 따르는 국민이 다수로, 2011년에 이슬람교가 다수인 수단에서 분리 독립했어요. 남수단은 수단에서 전체 면적의 30%(한반도의 3.5배)를 차지하지만, 석유 매장량은 전체의 70%나 차지하고 있어요.

○ 키프로스 공화국

크기가 제주도의 4배 정도로, 작은 나라예요. 영국의 식민 지배에서 벗어나 1960년에 키프로스 공화국을 세웠어요. 1974년에 분단됐는데, 이후 북키프로스(튀르키예계)와 남키프로스(그리스계)로 나뉘어졌어요. 북키프로스에는 튀르키예군이 주둔하고 있어요.

우리나라는 어떻게 분단됐을까?

1945년에 우리나라는 광복을 맞이했어요. 하지만 일본군을 무장 해제시킨다는 명분을 내세워, 북위 38도선을 기준으로 북쪽은 소련군, 남쪽은 미군이 주둔하며 사실상 남북이 분단됐어요.

그 이후 1948년에 남한 땅에는 대한민국이 정부를 수립하고, 북한 땅에서는 조선 민주주의 인민 공화국을 선포하면서 남과 북이 공식적으로 분단됐어요.

한국 전쟁은 1950년 6월 25일, 북한군이 38도선을 넘어 남한으로 쳐들어오면서 일어난 전쟁이에요. 1953년 7월 27일, 휴전 협정을 맺으면서 전쟁이 중지됐어요. 이후로 38도선이 아닌 군사 분계선을 중심으로 남한과 북한으로 분단됐어요.

군사 분계선은 휴전의 경계선이란 뜻에서 '휴전선'이라고도 해.

과거에는 분단국가였지만, 지금은 통일된 나라

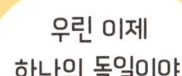

우린 이제 하나의 독일이야.

- 독일 : 1990년 10월 3일, 동독이 서독에 흡수되는 형식으로 재통일됐어요.
- 예멘 : 1990년 5월 22일, 남예멘과 북예멘이 합의해 통일됐어요.
- 베트남 : 프랑스의 식민 지배를 받다가 1945년에 독립했지만, 남북으로 분단됐어요. 1960~1975년까지 치러진 베트남 전쟁을 통해 통일됐어요.

15. 우리나라처럼 한자를 쓰는 나라는?

우리나라는 한글을 쓰지만, 지명이나 이름 등에 한자가 많이 쓰여요. 우리말 중 절반 이상이 한자어예요. 한자는 중국 고유의 문자지만, 우리뿐 아니라 일본, 베트남 등 주변 나라들에서도 두루 사용해요.

한자가 만들어진 정확한 시기는 알 수 없어요. 하지만 출토된 가장 오래된 한자로 갑골 문자가 있어요. 갑골 문자는 거북의 껍데기나 짐승 뼈에 칼로 새긴 문자예요. 지금 같은 모양이 갖춰진 게 한나라(기원전 202년~기원후 220년) 때라 '한자(漢子)'로 불려요. 우리나라에 한자가 들어온 정확한 시기는 알 수 없지만, 약 기원전 2세기경으로 추정돼요. 아시아의 싱가포르에서도 한자를 사용해요. 또 어떤 나라가 우리나라처럼 한자를 쓸까요?

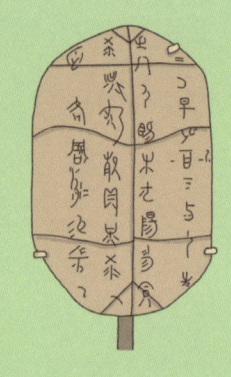

한자를 쓰는 나라

우리나라 말고도 중국, 일본, 대만, 베트남, 싱가포르에서 한자를 사용해요. 하지만 한자를 쓴다고 해도 나라마다 사용하는 한자 모양이 달라요.

○ **한국 한자**: 한자를 사용해 만든 낱말로, 한국식으로 발음하는 단어를 '한자어'라고 해요. 훈민정음이 창제되기 전까지는 우리 문자가 없어서 한자, 한자어를 썼어요. 한자어는 지금도 우리말의 절반 이상을 차지해요.

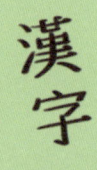

○ **중국 한자**: 오늘날 중국어는 한국, 대만, 홍콩, 마카오 등에서 쓰는 본래의 한자인 정체자(번체자)와 달리 단순화한 간체자를 써요. 간체자는 문맹률을 낮추기 위해 복잡한 한자를 단순화시킨 거예요.

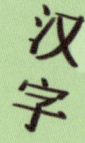

漢字
- **일본 한자**: 일본식 한자 간지(漢字)는 우리나라에서 쓰는 정체자나 중국의 간체자와 달리, 일본 나름대로 단순화한 한자예요.

- **싱가포르 한자**: 싱가포르는 중국계 화교가 인구의 70%를 넘을 정도로 중국인이 많이 살아요. 그래서 중국어를 공식 언어 중 하나로 사용해요. 싱가포르에서 쓰는 표준 중국어(보통화)는 '화어'라 불리며, 중국의 보통화와 크게 다르지 않아요.

- **베트남 한자**: 중국의 영향을 받은 베트남은 문자가 없어 오랫동안 한자를 쓰다가, 베트남어를 한자로 표기한 '쯔놈'이라는 문자를 함께 썼어요. 이후 서양 선교사들이 선교 활동을 위해 로마자로 베트남 말을 표기했어요. 프랑스의 식민 지배를 받으며 라틴어 로마자가 뿌리를 내리게 됐어요. 지금은 노인들만 한자를 조금 쓰고, 젊은 사람들은 거의 쓰지 않는다고 해요.

16. 우리나라처럼 음력 설날이 있는 나라는?

설날은 어른들께 새해 인사를 하고, 온 가족이 모이는 날이에요. 이날은 세배하고 세뱃돈을 받고, 떡국을 먹고 나이를 한 살 먹어요.

그런데 설날 날짜가 해마다 다르죠? 집에서 쓰는 달력은 해를 기준으로 날짜를 정한 양력인데, 설날은 달을 기준으로 한 음력이기 때문이에요. 그래서 설날이 음력 1월 1일, 양력으로 1월 말에서 2월 초인 경우가 많아요.

중국도 음력 설날을 쇠요. 또 어떤 나라가 우리나라처럼 음력 설을 쇨까요?

설을 쇠는 나라

우리나라 말고도 중국, 말레이시아, 싱가포르, 베트남, 필리핀, 인도네시아, 몽골에 설날이 있어요.
이들 나라에서는 설날에 무엇을 할까요?

- **베트남**: 설을 '뗏'이라 하며, 폭죽놀이를 해요. 떡 종류인 반쯩을 먹고, 가족, 이웃끼리 덕담을 나눠요.

- **중국**: 설을 '춘절(春節)', 즉 봄의 계절이라고 불러요. 설이면 고향을 찾아가요. 설 하루 전날 저녁이면 대청소를 하고 저녁을 함께 먹어요. 귀신을 쫓는다는 의미로 폭죽을 터뜨리고, 가족끼리 만두 같은 명절 음식을 먹어요.

설날 싱가포르에 장식된 붉은 등

- **싱가포르**: 인구 대다수가 중국계여서 설날을 쇠요. 설을 '신년'이라고 해요. 설 기간에는 각종 공연과 행진이 펼쳐지고, 붉은 등 장식과 불꽃놀이를 볼 수 있어요.

- **말레이시아**: 다양한 민족이 사는 만큼 설날도 네 번이나 있어요. 양력설, 음력설, 인도설, 이슬람설을 모두 쇠요. 중국 화교들이 음력설에는 '이샹(魚生)'이라는 생선 요리를 주로 먹어요. 새해 인사를 나누고, 세뱃돈과 간식을 선물로 주지요.

말레이시아에서 음력설에 먹는 생선 요리, 이샹

- **인도네시아**: 중국 화교를 중심으로 설을 쇠요. 중국의 음력이라는 뜻으로 '임렉(Imlek)'이라 부르며, 당일만 쉬어요. 중국처럼 빨간 봉투에 세뱃돈을 넣어서 줘요.

- **몽골**: 설을 '차강사르(하얀 달)'라 부르며, 고향을 방문해 인사를 나눠요. 아랫사람은 '하닥'이라는 대체로 푸른 천을 걸치고 윗사람에게 세배한 후, 선물을 드려요. 윗사람도 아랫사람에게 선물을 준다고 해요. 이때는 찐만두와 비슷한 '보즈'를 먹어요.

올해 설날 아침에도 어른들께 세배를 드려야지.